essentials

essentials liefern aktuelles Wissen in konzentrierter Form. Die Essenz dessen, worauf es als „State-of-the-Art" in der gegenwärtigen Fachdiskussion oder in der Praxis ankommt. *essentials* informieren schnell, unkompliziert und verständlich

- als Einführung in ein aktuelles Thema aus Ihrem Fachgebiet
- als Einstieg in ein für Sie noch unbekanntes Themenfeld
- als Einblick, um zum Thema mitreden zu können

Die Bücher in elektronischer und gedruckter Form bringen das Expertenwissen von Springer-Fachautoren kompakt zur Darstellung. Sie sind besonders für die Nutzung als eBook auf Tablet-PCs, eBook-Readern und Smartphones geeignet. *essentials:* Wissensbausteine aus den Wirtschafts, Sozial- und Geisteswissenschaften, aus Technik und Naturwissenschaften sowie aus Medizin, Psychologie und Gesundheitsberufen. Von renommierten Autoren aller Springer-Verlagsmarken.

Weitere Bände in der Reihe http://www.springer.com/series/13088

Katrin Fellner

Moderne Personalauswahl

Renommierte Experten über Trends, neue Technologien, Chancen und Risiken in der Eignungsdiagnostik

 Springer

Katrin Fellner
Zürich, Schweiz

ISSN 2197-6708   ISSN 2197-6716   (electronic)
essentials
ISBN 978-3-658-25896-2   ISBN 978-3-658-25897-9   (eBook)
https://doi.org/10.1007/978-3-658-25897-9

Die Deutsche Nationalbibliothek verzeichnet diese Publikation in der Deutschen Nationalbibliografie; detaillierte bibliografische Daten sind im Internet über http://dnb.d-nb.de abrufbar.

Springer ist ein Imprint der eingetragenen Gesellschaft Springer Fachmedien Wiesbaden GmbH und ist ein Teil von Springer Nature
Die Anschrift der Gesellschaft ist: Abraham-Lincoln-Str. 46, 65189 Wiesbaden, Germany

Was Sie in diesem *essential* finden können

- Einen Überblick über aktuelle Diskussionen in der berufsbezogenen Eignungsdiagnostik
- Inputs zur Onlineverlagerung der Personalauswahl
- Hinweise zur Auswirkung demografischer Faktoren auf Selektionsverfahren
- Differenzierte Expertenmeinungen zu neuen Methoden und Tools in der Eignungsdiagnostik
- Hilfestellungen zur Bewertung der Qualität von eignungsdiagnostischen Prozessen und Methoden in der heutigen Zeit

Vorwort

Die Inhalte dieses *essentials* basieren auf qualitativ ausgewerteten Interviews[1] mit vier Experten, welche ihre Erfahrungen zum Thema Eignungsdiagnostik und Personalauswahl zur Verfügung stellten. Herzlichen Dank an Simon Carl Hardegger, MSc UZH, Prof. Dr. Martin Kersting, Prof. Dr. Martin Kleinmann und Prof. Dr. Christof Obermann.

Simon Carl Hardegger studierte an der Universität Zürich Psychologie, Pädagogik und Kriminologie und leitet das Zentrum Diagnostik, Verkehrs- und Sicherheitspsychologie am IAP Institut für Angewandte Psychologie an der Zürcher Hochschule für Angewandte Wissenschaften. Dort ist er auch als Berater und Dozent tätig. Er beschäftigt sich neben Innovationsprojekten seit 20 Jahren mit eignungsdiagnostischen Fragestellungen und der Assessmentpraxis.

Prof. Dr. Martin Kersting ist Professor für Psychologische Diagnostik an der Justus-Liebig-Universität in Gießen, Mitglied der DIN-Kommission sowie Vorsitzender des Diagnostik- und Testkuratoriums. 2015 sowie 2017 wurde er von der Fachzeitschrift Personalmagazin zu einem der führenden Köpfe des Personalwesens gekürt. Martin Kersting ist Autor verschiedener Testverfahren sowie von über 100 Publikationen. Es ist ihm ein Anliegen, den Dialog zwischen Wissenschaft und Praxis zu fördern.

Prof. Dr. Martin Kleinmann ist Lehrstuhl-Inhaber am Psychologischen Institut der Universität Zürich und Professor für Arbeits- und Organisationspsychologie. Er agiert in einer Herausgeberfunktion für die Buchreihe Praxis der Personalpsychologie und legt seinen Forschungsschwerpunkt vor allem auf die

---

[1]Zur Datenerhebung wurden halbstrukturierte Interviews durchgeführt. Anhand einer zusammenfassenden Inhaltsanalyse mit deduktiv-induktiver Kategorienbildung erfolgte die Auswertung der qualitativen Daten.

Konstruktvalidität von Personalauswahlverfahren, Leistungsbeurteilungen, Zeitmanagement, Arbeitsplatzunsicherheit und Meetings.

Prof. Dr. Christof Obermann ist Diplom-Psychologe mit den Schwerpunkten Diagnostik sowie Arbeits- und Organisationspsychologie. Herr Obermann agiert seit 2009 als Professor an der Rheinischen Fachhochschule Köln, verantwortet den Aufbau des Studiengangs Wirtschaftspsychologie und ist Buchautor, u. a. des mittlerweile in 6. überarbeiteter Auflage erschienen Klassikers „Assessment Center" (Gabler).

Katrin Fellner

Einleitung

Die Personalauswahl wird sich wie auch die Eignungsdiagnostik im Zuge neuer Möglichkeiten der Datenerhebung und -auswertung und der Entwicklungen in der Arbeitswelt deutlich verändern. Als zwei große Treiber der Veränderungen gelten die Digitalisierung (Kap. 1) sowie die Demografie (Kap. 2). So beeinflusst beispielsweise der Personalmangel die Personalauswahl. Mit der Digitalisierung sind große Chancen und hohe Risiken verbunden. Online-Assessments, Mood Monitoring, die Verwendung von Avataren, die Auswertung elektronischer Spuren, Data Mining oder People Analytics sind nur wenige Begriffe, die in den Medien kursieren und in diesem *essential* aufgegriffen werden.

Personen mit eignungsdiagnostischer Verantwortung müssen Schritt halten mit den raschen Veränderungen und sich mehr denn je mit Qualitätsfragen auseinandersetzen. Die Anforderungen an die Personalauswahl sind gestiegen. Ebenso die Fülle an Angeboten. Die folgenden Kapitel geben auf Basis von Experteninterviews einen Überblick über aktuelle und zukünftige Veränderungen in der Berufseignungsdiagnostik, ebenso über Chancen, Gefahren und Limitationen. Zusätzlich unterstützen die Inhalte dabei, über aktuelle Diskussionspunkte informiert zu bleiben und differenzierte Expertenmeinungen zu erhalten. Ein wichtiges Ziel liegt in einer Sensibilisierung, um mit der Vielzahl an Angeboten umgehen oder die eigenen eignungsdiagnostischen Prozesse kritisch prüfen zu können.

Die in diesem Buch dargestellten Inhalte geben die erwähnten Inhalte der Experten wieder und behandeln die Themenfelder nicht in jeder Einzelheit.

Aus Einfachheitsgründen und ohne Diskriminierungsgedanken wird im vorliegenden *essential* jeweils die männliche Geschlechtsform verwendet.

Inhaltsverzeichnis

Katrin Fellner ist Psychologin mit dem Schwerpunkt Arbeits- und Organisationspsychologie und lebt in Zürich. Sie ist als Assessorin tätig und konzipiert Assessment- und Development-Center sowie Online-Assessments in der Privatwirtschaft, im Hochschulumfeld und als Netzwerkpartnerin von Netzwerk Kadertraining. Ihr Engagement gilt zudem der Qualitätssicherung von eignungsdiagnostischen Prozessen und einer verbesserten Kommunikation zwischen Forschung und Praxis.

Digitalisierung in der Personalauswahl

1.1 Onlineverlagerung von Assessments

Es geht für Personalverantwortliche mit eignungsdiagnostischen Aufgaben kein Weg daran vorbei, sich mit der Digitalisierung im Arbeitskontext auseinanderzusetzen. Die Digitalisierung ermöglicht einerseits große Chancen, wie zum Beispiel eine effizientere und validere Personalauswahl, setzt andererseits jedoch eine Auseinandersetzung mit neusten Technologien, dem Datenschutz und Qualitätsfragen voraus. Die Bandbreite von digitalen Ansätzen ist groß und ein Überblick der Angebote ebenso schwierig wie die Einschätzung der Qualität. Personalverantwortliche und Eignungsdiagnostiker sehen sich großen Herausforderungen gegenübergestellt. Sie müssen sich in einem Meer von neuen Möglichkeiten und Begriffen zurechtfinden.

Im Zusammenhang mit Personalselektion wird häufig von Assessments und von Online-Assessments gesprochen. Assessment bedeutet übersetzt nichts anderes als Bewertung, Einschätzung, Prüfung. Aktuell werden Online-Assessments vor allem für die Vorselektion beziehungsweise zur Reduktion des Bewerberpools oder auch als Self-Assessments[1] verwendet. Ein erster Online-Check, der die Passung der Organisation oder eines Bildungsangebotes mit der Person prüft. Eine derartige Herangehensweise ist nicht nur für Organisationen effizient, sondern vor allem auch für die Bewerber sinnvoll. So können bei einer fehlenden Passung

---

[1] Self-Assessments dienen dazu, einen eigenverantwortlichen Abgleich zwischen Anforderungen eines Arbeitgebers oder einer Hochschule mit den eigenen Fähigkeiten, Interessen oder Werten vorzunehmen. Die Durchführung erfolgt online, anonym, freiwillig und ohne Drittperson. Die Testung dient einer „selbstregulierenden Informationsgewinnung der Testperson" (Kubinger 2010, S. 36).

© Springer Fachmedien Wiesbaden GmbH, ein Teil von Springer Nature 2019
K. Fellner, *Moderne Personalauswahl*, essentials,
https://doi.org/10.1007/978-3-658-25897-9_1

lange Anreisen und anderweitiger, unnötiger Ressourceneinsatz vermieden werden. Für Unternehmen bedeutet die Vorselektion via Online-Assessments eine Hilfestellung bei der Bewältigung von großen Bewerbermassen.

Schon ein kurzes Interview, das online durchgeführt wird, kann als Online-Assessment bezeichnet werden. Martin Kersting nimmt dahin gehend eine klare Haltung ein: Ein Online-Assessment bringt keinen Mehrwert, wenn lediglich vormals mit dem Stift ausgefüllte Fragebögen nun online ausgefüllt werden. Diese Form sieht Kersting als die schlichteste oder am wenigsten ausgeprägte Form der Automatisierung. Nicht selten setzen sogar renommierte Unternehmen klassische, online durchgeführte Testverfahren ein und verkaufen dies als Online-Assessment, so Simon Hardegger. Das ist nicht verwerflich, solange dem Kunden transparent gemacht wird, was er kauft. Trotzdem wäre laut Martin Kersting zumindest ein computergestütztes Eingreifen in Verfahren wünschenswert, wenn von Online-Assessments gesprochen wird. Zum Beispiel indem aufgrund von Ergebnissen eines Persönlichkeitsfragebogens Vorschläge für einen Interviewleitfaden generiert werden. Das Kontinuum reicht von klassischen Onlinetests und Fragebögen, Online Case Studies oder Postkörben bis hin zu komplexen „gamifizierten" Verfahren oder dem Einsatz von Avataren[2], Chatbots[3] oder Stimmanalysen. Die traditionelle, klassische Psychologie beschränkt sich häufig noch auf klassische Testverfahren, so Simon Hardegger. Mittlerweile offerieren jedoch zahlreiche Anbieter sogenannte Remote-Assessments, die dem klassischen Assessment-Center ähneln, jedoch online, komplett zeit- und ortsunabhängig durchgeführt werden.

Die Nutzung von Videoaufzeichnungen in der Personalauswahl (zum Beispiel in Form asynchroner[4] Interviews) ermöglicht eine Skalierung der Anzahl an Assessoren. Das heißt, mehrere Personen können die Videos zeitunabhängig und mehrmals sehen. Martin Kersting weist darauf hin, dass es jedoch ein Trugschluss wäre anzunehmen, dass das mehrfache Ansehen von Videomaterial automatisch zu valideren Ergebnissen führt. Ein weiterer Vorteil, den die Aufzeichnung mit sich bringt, ist das Potenzial, welches sich für die Bewerber ergibt.

---

[2]Ein Avatar ist eine künstliche Person oder Grafikfigur in der virtuellen Welt.

[3]Ein Chatbot ist ein Computerprogramm, mit dem eine Konversation eines technischen Systems mit Menschen möglich wird.

[4]Mit asynchronen Online-Interviews sind zeitversetzte Interviews gemeint. Die interviewte Person beantwortet zuvor aufgenommene oder verschriftlichte Fragen. Die Antworten werden aufgezeichnet. Eine zweite Person bzw. ein Interviewer ist zum Zeitpunkt, an dem das Interview durchgeführt wird, nicht anwesend.

Eignungsdiagnostische Aussagen können einerseits mit dem Videomaterial untermauert werden, andererseits können sie auch für die persönliche Entwicklung des Kandidaten einen Mehrwert bieten. Die Entwicklungspsychologie machte sich die Videotechnik bei der Beobachtung von Säuglingen oder Kindern schon lange zunutze. In Assessments wird viel zu wenig Gebrauch davon gemacht, weshalb für den einzelnen Assessmentteilnehmer großes Potenzial für die eigene Entwicklung verloren geht.

1.2　People Analytics

Ein Begriff, der im Zuge der Digitalisierung häufig verwendet wird, ist People Analytics. Dennis Beermann und Martin Kersting (2018) verstehen darunter das systematische Auswerten und Nutzen von HR-Daten. Dabei kann es sich um bereits vorliegende Daten wie zum Beispiel Bewerbungsunterlagen handeln, die hinsichtlich der Wortwahl oder der Sprachstruktur analysiert werden. Zudem ermöglicht die Erfassung neuer Daten (z. B. Maus- oder Blickbewegungen während eines Online-Assessments) umfangreiche Analysen. Mit der dargestellten Definition entziehen Beermann und Kersting dem Thema das vermeintlich wenig Fassbare und stellen klar, dass die Eignungsdiagnostik schon immer datengestützt gewesen ist. Durch die Digitalisierung stehen riesige Datenmengen zur Verfügung. Es ist durchaus wünschenswert, dass Daten von guter Qualität gemäß den Datenschutzbestimmungen zum Nutzen der Mitarbeiter und zum Nutzen der Organisation ausgewertet werden, so die Autoren. Das Potenzial von großen Datenmengen sieht auch Christof Obermann. Die Anzahl und Vielfalt der verwendeten Module in Assessments erhöhen die Zuverlässigkeit sowie die Vorhersagekraft der diagnostischen Aussagen. Über den Big-Data-Ansatz erschließen sich Datenquellen, die bisher völlig unstrukturiert und subjektiv-intuitiv erfasst wurden, wie zum Beispiel Körpersprache, Mimik oder Stimme. Beim Mood Monitoring werden menschliche Reaktionen erfasst, interpretiert und Rückschlüsse auf den emotionalen Zustand abgeleitet. Was in Callcentern bereits angewendet wird, so Simon Hardegger, ist der Eignungsdiagnostik noch wenig zugänglich. In der Rheinischen Fachhochschule finden Forschungsarbeiten zur automatisierten Erkennung aller Basisemotionen[5] in der Mimik statt. Dies funktioniert mittlerweile recht zuverlässig, wie Christof Obermann mitteilt. Noch erschließt sich dieser Bereich jedoch

---

[5]Kulturübergreifende Basisemotionen nach Ekman (2003): Freude, Wut, Überraschung, Ekel, Angst, Verachtung und Trauer.

nicht der praktischen Anwendung in der Personalauswahl. Der Grund hierfür liegt laut Christof Obermann daran, dass klare Zusammenhänge zu stabilen Persönlichkeitsmerkmalen und Joberfolg fehlen, zwei Aspekte, die für die Eignungsdiagnostik wesentlich interessanter sind als spontane emotionale Ausdrücke.

1.3   Stimm- und Sprachanalysen

Im Moment sind Stimm- oder auch Sprachanalysen wahrscheinlich das am häufigsten diskutierte Thema in der Eignungsdiagnostik. Es gibt Anbieter, welche vollumfängliche Persönlichkeitsprofile durch Stimmanalysen liefern. Die Forschung hinkt den Marktangeboten hinterher. Verlässliche Aussagen über die Validität derartiger Angebote fehlen. Abgesehen von diesen Debatten um die Seriosität der Verfahren erscheint es den Experten grundsätzlich sinnvoll, Informationen aus der Sprache abzuleiten. Schließlich – so Martin Kersting – geht sogar das Big-Five-Modell der Persönlichkeit auf die Sedimentationshypothese zurück, eine wichtige wissenschaftliche Theorie, mit der sich Francis Galton bereits 1884 auseinandergesetzt hat. Die Sedimentationshypothese besagt, vereinfacht ausgedrückt, dass sich die Persönlichkeit unter anderem auch über die Sprache zeigt. Christof Obermann fügt hinzu, dass sich die fünf Faktoren der Persönlichkeit[6] tatsächlich durch Stimmmerkmale vorhersagen lassen, äußert jedoch Bedenken, warum ein derart hoher kommunikativer und finanzieller Aufwand betrieben werden sollte, wenn mit dem NEO-Fünf-Faktoren-Inventar nach Costa und McCrae (NEO-FFI, Borkenau und Ostendorf 2008) die Daten deutlich günstiger erhoben werden können. Einen Einsatz von Stimm- und Sprachanalysen weist jedoch keiner der Experten per se zurück. Christof Obermann spricht von einer leistungsfähigen Auswertungssoftware, welche über 170 Stimmmerkmale pro Sekunde automatisiert erfasst (z. B. Pausen, mittlere Tonhöhe, Lautstärke, Variabilität der Lautstärke, Sprechgeschwindigkeit). Diese Software wurde von den Niederländern Paul Boersma und David Weenink (2018) entwickelt. Scheinbar konnten in ersten Studien bereits Zusammenhänge zwischen der Sprechgeschwindigkeit und Intelligenzmerkmalen nachgewiesen werden (Becker 2016).

---

[6]Neurotizismus, Extraversion, Offenheit für Erfahrungen, Verträglichkeit und Gewissenhaftigkeit.

1.4 Künstliche Intelligenz

Die künstliche Intelligenz ist auf dem Vormarsch und kann die Eignungsdiagnostik bereichern. Ein Einsatz der künstlichen Intelligenz setzt jedoch große Datenmengen voraus. Wer über große Datenmengen verfügen und rechtlich einwandfrei handeln will, muss auch den Datenschutz im Blick haben: Darüber sind sich alle befragten Experten einig. Die Datenverarbeitung kann so weit gehen, dass Menschen bis hin zu Kontobewegungen überwacht werden oder Aussagen über die Persönlichkeit eines Menschen aus dem Nutzungsverhalten auf Facebook abgeleitet werden, so Simon Hardegger. Mit dem Aufkommen von rechtlich sowie ethisch fragwürdigen Angeboten häufen sich die Debatten rund um den Schutz personenbezogener Daten[7]. Martin Kleinmann spricht von einer rechtlichen Gratwanderung und von der Herausforderung, derartige Daten sinnvoll in den eignungsdiagnostischen Prozess zu integrieren. Mit der neuen Datenschutzgrundverordnung (DSGVO 2016) wurden die Leitplanken gesetzt, innerhalb der sich die Eignungsdiagnostik bewegen kann.

Die Einsatzmöglichkeiten der künstlichen Intelligenz sind also begrenzt, so Martin Kersting. Es dürfen lediglich Daten verwendet werden, die der willkürlichen Kontrolle des Menschen unterliegen, Daten, die Menschen willentlich von sich aus preisgeben[8]. Martin Kersting verwendet das Beispiel eines Lügendetektors, mit dem durchwegs valide Aussagen getätigt werden könnten. Ein Lügendetektor stellt jedoch die eben erwähnte Subjektqualität der befragten Person infrage. Natürlich strebt die Eignungsdiagnostik nach unverfälschten Daten, alle seitens der diagnostizierten Person willkürlich und kontrolliert abgegebenen Daten können aber auch willkürlich verfälscht werden. Mit bestimmten Verfahren, wie z. B. dem Impliziten Assoziationstest (Greenwald et al. 1998), können auch implizite Motive[9] erfasst werden. Diese Methoden entsprechen aber nicht

---

[7]Personenbezogene Daten sind Angaben, die Einblicke in die physische, physiologische, psychische, kulturelle, wirtschaftliche oder soziale Identität einer Person ermöglichen (Artikel 4 Ziffer 1 DSGVO).

[8]Hier wird auf das Recht der informationellen Selbstbestimmung hingewiesen. Dieses in der EU-Datenschutzgrundverordnung (DSGVO 2016) festgelegte Recht regelt den Umgang mit personenbezogenen Daten. Demnach müssen Betroffene ihre Zustimmung geben, damit Daten verarbeitet und gespeichert werden dürfen.

[9]Die Unterscheidung von impliziten und expliziten Handlungsmotiven geht auf David McClalland zurück. Explizite Motive können (im Gegensatz zu impliziten Motiven) sprachlich ausgedrückt werden. Eine Person ist imstande, über Werte oder eigene Ziele zu sprechen. Handlungen werden jedoch nicht unbedingt durch bewusste Motive angetrieben, sondern durch implizite Motive, die – früh erlernt – nicht der eigenen Verhaltenskontrolle unterliegen bzw. unbewusst wirken.

dem Prinzip professioneller Eignungsdiagnostik, dem zufolge die diagnostizierten Personen die Kontrolle darüber haben müssen, welche Daten sie preisgeben. Martin Kersting weist auf eine weitere Spielregel hin: Der Mensch agiert nach wie vor als Entscheidungsträger. Er muss Ergebnisse nachvollziehbar erklären und argumentieren können, warum zum Beispiel eine Eignung ausgeschlossen wird. Es genügt nicht, auf künstliche Intelligenz zu verweisen. Des Weiteren dürfen lediglich Daten erhoben werden, die einen deutlichen Bezug zu den festgelegten Anforderungen aufweisen und zur Beantwortung der Fragestellung beitragen.

Selbst die leistungsfähigsten eignungsdiagnostischen Systeme mithilfe künstlicher Intelligenz beschränken sich, so Martin Kersting, letztendlich auf die Mustererkennung[10]. Hilfsmittel zur Mustererkennung eignen sich besonders bei der Suche und Bewertung von *hard facts* sowie bei der Besetzung von Positionen, deren Anforderungsprofile klar definiert sind. Variieren die Daten zum Anforderungsprofil und zur Performance von Fall zu Fall, erschwert dies das maschinelle Lernen. Das ist beispielsweise bei der Besetzung von Positionen der Fall, in denen Kreativität, Empathie oder Flexibilität gefragt sind, wie zum Beispiel bei Führungsaufgaben. Christof Obermann erklärt die Problematik, die mit dem Einsatz von neuronalem Lernen in der Eignungsdiagnostik einhergeht, am Beispiel des automatisierten Fahrens. Klare Lernkriterien (z. B. Objekt am Fahrbahnrand ist ein Mensch, ja/nein) sind verfügbar. Ein vergleichbar klares Kriterium für Berufs- und Führungserfolg gibt es jedoch nicht.

Eine weitere Auswertungsmöglichkeit, Data Mining, wurde bislang in der Eignungsdiagnostik wenig genutzt. Eine anerkannte deutsche Übersetzung besteht nicht, jedoch wird häufig von Datenmustererkennung gesprochen. Nützliches Wissen wird aus bestehenden, komplexen Datenbeständen extrahiert, Regelmäßigkeiten werden erkannt und Muster identifiziert (Bissantz und Hagedorn 2009). Die Auseinandersetzung mit derartig komplexen Auswertungsmethoden macht deutlich, dass es sich um riesige Datenbestände handelt und sich demnach große Firmen damit beschäftigen können. Wie Martin Kersting anspricht, entsteht bei Diskussionen rund um neue Tools und Auswertungsmethoden häufig der Eindruck, als würde jede noch so kleine Organisation davon betroffen sein, die sich in irgendeiner Weise mit eignungsdiagnostischen Fragestellungen auseinandersetzt. Dies ist ein Trugschluss.

---

[10]Markus Sommer gibt in folgender Zusammenfassung einen Überblick zu künstlichen neuronalen Netzen als Methode statistischer Urteilsbildung: https://homepage.univie.ac.at/martin.arendasy/ANN_Abstract.pdf. Das PDF referenziert auf folgende Artikel: Sommer und Häusler (2006), Arendasy et al. (2007). Weitere Erklärungen zu neuronalen Netzen finden sich z. B. auch bei Häusler und Sommer (2006).

1.5   Die Notwendigkeit neuer Kompetenzen

Im Umgang mit der anfallenden Datenmenge sowie mit neuartigen Tools werden Kompetenzen gefordert, die einen professionellen und rechtlich einwandfreien Umgang mit neuen Auswertungsmethoden und Datenquellen gewährleisten. Diese Kompetenzen sind weder Inhalt von HR-Ausbildungen noch von einem klassischen Psychologiestudium. Das wiederum bedeutet zukünftig eine verstärkte Zusammenarbeit von Psychologen und eignungsdiagnostisch tätigen Personen mit Angehörigen anderer Berufsgruppen, wie zum Beispiel mit Data Scientists oder mit Juristen. Eine interdisziplinäre Zusammenarbeit mit Wissensträgern im HR, in der Diagnostik und in der Informationstechnologie fördert wie auch die fortschreitende Technik neue oder innovative Lösungsansätze in der Datenintegration. Die professionelle Integration von verschiedenen Datenquellen (z. B. biographische Daten, Tests, Interviews) wurde innerhalb des eignungsdiagnostischen Prozesses bislang sträflich vernachlässigt, wie Martin Kersting zu bedenken gibt. Oft scheitert es seiner Ansicht nach in der Praxis schon allein daran, dass die Verfahren mit unterschiedlichen Skalen arbeiten und die Praktiker nicht in der Lage sind, diese unterschiedlichen Werte regelgeleitet zu einem Gesamtergebnis zusammenzufassen. Wie die Ergebnisse sinnvoll kombiniert werden, um aussagekräftige Diagnosen zu generieren, gleicht laut Martin Kersting bisher meist mehr einem Akt der Willkür als einer zielführenden Analyse. Im Bereich der Datenintegration besteht demnach enormes Potenzial, welches sich durch eine interdisziplinäre Zusammenarbeit entfalten kann.

1.6   Qualitätsanspruch

Debatten rund um die eignungsdiagnostische Qualität häufen sich durch die Digitalisierung. Dass eine ansprechende mediale Aufbereitung von der eigentlichen diagnostischen Fragestellung ablenken kann, geben alle Experten zu bedenken. Simon Hardegger spricht von einer Schieflage, die in der Praxis aktuell beobachtet werden kann, und bringt diese Beobachtung mit den Worten „Form vor Inhalt" auf den Punkt. Online ist en vogue, schnelle Lösungen müssen es sein. Und am besten mit „Gaming-Charakter": Es macht Spaß, es sieht toll aus, also ist es auch gut. Martin Kersting warnt vor einer Pseudo-Validierung und weist darauf hin, dass aktuell einige laute, von sich selbst überzeugte Akteure mit Online-Tools im Licht der Aufmerksamkeit stehen und die tatsächlichen Chancen und Risiken moderner Auswertungsmöglichkeiten dadurch vernebelt sind. Die Gefahr, dass aufwendig gedrehte Videos oder der Einsatz moderner Avatare von der eigentlichen diagnostischen Zielsetzung ablenken, sieht auch Christof Obermann.

Im Gegenzug zu fragwürdigen Entwicklungen setzen sich Vereine wie der Arbeitskreis Assessment Center in Deutschland (www.arbeitskreis-ac.de), Swiss Assessment in der Schweiz (www.swissassessment.ch) oder auch die Autoren der neuen DIN 33430 (www.din33430portal.de) für eine hochstehende Qualität der Eignungsdiagnostik ein. Sie geben Kriterien an die Hand, um die Qualität eignungsdiagnostischer Angebote beurteilen zu können – unabhängig davon, ob diese online oder face-to-face stattfinden. Mit dem 2018 erschienenen Buch zur DIN 33430 mit dem Titel „Personalauswahl kompetent gestalten" (Diagnostik- und Testkuratorium 2018) wird Personalverantwortlichen und Eignungsdiagnostikern ein praxisnahes und verständlich aufbereitetes Werk angeboten, welches unter anderem auch Fragen beantwortet, die im Zuge der Digitalisierung entstehen. Insbesondere werden das Online-Testen thematisiert und Anforderungen an die Qualität des Prozesses formuliert (z. B. Unterbrechung von Onlineverbindungen, Möglichkeiten, Support in Anspruch nehmen zu können).

Aufgrund der Debatten rund um die Onlineverlagerung der Eignungsdiagnostik könnte angenommen werden, dass kein Stein mehr auf dem anderen bleibt. Dabei bleiben die Qualitätsanforderungen an gute Eignungsdiagnostik unverändert. Professionell agierende Eignungsdiagnostiker und Personalverantwortliche mit eignungsdiagnostischen Aufgaben legen – unabhängig von neuen Methoden, aufkommenden Modewörtern und vermeintlich neuen Konstrukten – auch weiterhin Wert auf evidenzbasierte Diagnostik, die Einhaltung der Qualitätsstandards[11] sowie eine gute Datenqualität. Die Datenqualität sollte in Zeiten von Big Data mehr denn je Inhalt eignungsdiagnostischer Überlegungen sein. Obwohl digitale Fußabdrücke enormes diagnostisches Potenzial bieten, müssen neben ethischen Fragestellungen auch Probleme bedacht werden, die sich gegebenenfalls auf die Datenqualität auswirken können. Alleine schon der Umstand, dass

---

[11]2016 wurde vom Arbeitskreis Assessment Center die 3., vollständig überarbeitete Fassung der „Standards der Assessment Center Methode" veröffentlicht (verfügbar unter https://www.arbeitskreis-ac.de/index.php/uebersicht oder https://www.akac-kongress2016.de/images/AKAC_AC_Standards_2016.pdf). Eine an den schweizer Sprachgebrauch angepasste Version der Standards (Swiss Assessment 2018) wurde 2007 veröffentlicht. Aktuell finden Diskussionen statt, inwiefern digitale Veränderungen in die Qualitätsstandards eingearbeitet werden sollen.

sich Menschen online nicht immer authentisch verhalten, beeinflusst die Daten-qualität, so Simon Hardegger. Zudem treten Probleme auf, wenn Video- oder Ton-material beispielsweise aufgrund technischer Probleme wenig brauchbar ist oder unbeaufsichtigte Verfahren nicht von der zu testenden Person durchgeführt wer-den. Testungen ohne Aufsicht gelten als enorm effizient und praktisch, da sie zeit- und ortsunabhängig durchgeführt werden können. Die Gefahr von Verfälschungen liegt jedoch auf der Hand. Besonders kritisch wird es bei der Durchführung von Leistungstests. Die Art der Einschränkung hängt von der Form der Test-administration ab, so Martin Kersting. Die International Test Commission (2006) unterscheidet vier Modi der Testadministration. Im *open mode* sind Online-Tools frei zugänglich, der *controlled mode* ist hingegen zugangsbeschränkt. Das heißt, die Tools sind beispielswiese nur über Zugangsdaten über einen bestimmten Zeit-raum hinweg zugänglich. Beide Modi erfolgen unbeaufsichtigt. Im Unterschied dazu werden Testpersonen im *supervised mode* und im *managed mode* beauf-sichtigt. Im supervised mode ist eine Aufsichtsperson anwesend und im managed mode werden zusätzlich zur Beaufsichtigung Rahmenbedingungen wie Ort der Testung festgelegt. In den beiden unbeaufsichtigten Modi kann eine unsachge-mäße Bearbeitung der Testverfahren nicht ausgeschlossen werden.

Die Experten verweisen auf Möglichkeiten, um Manipulationen entgegenzu-wirken. Eine weit verbreitete Maßnahme ist das erneute Aufgreifen oder Durch-führen der Testverfahren in einem Präsenzteil. So füllen Bewerber zum Beispiel einen Persönlichkeitsfragebogen unbeaufsichtigt aus. Da Persönlichkeitsfrage-bögen nicht die Persönlichkeit einer Person offenlegen, sondern nur wiedergeben, was der Getestete mitteilen möchte beziehungsweise wie dieser sich selbst sieht, werden die Ergebnisse in einem späteren Interview erneut aufgegriffen. Natür-lich befindet sich die Technik auch hinsichtlich Überwachungsmechanismen auf dem Vormarsch. Die Verwendung der Kamera, zum Beispiel für die automatische Aufnahme von Fotos in regelmäßigen Abständen, oder das Zuschalten von Auf-sichtspersonen, scheint bereits Realität zu sein. Christof Obermann berichtet von Trackingmaßnahmen, welche die Antwortzeiten und die IP-Adresse verfolgen. Fälschungen können dabei zum Beispiel aufgedeckt werden, wenn ein rasches Durchklicken von Fragen in Millisekunden erfolgt oder wenn Fragebögen meh-rerer Bewerber auf demselben Rechner bearbeitet werden. Die Bandbreite reicht von einfachen Follow-up-Überprüfungen bis hin zu Irisscans, wobei ein flächen-deckender Einsatz aufwendiger Überwachungsmechanismen in der eignungs-diagnostischen Praxis in den meisten Fällen Zukunftsmusik ist. Interessant ist in diesem Zusammenhang die Erfahrung von Christof Obermann. Die unbeauf-sichtigte Bearbeitung eines Tests oder Online-Assessments mithilfe einer weite-ren Person führt seines Erachtens eher zu Nachteilen. Der Grund hierfür könnte im Abstimmungsaufwand liegen, welcher unter Zeitdruck erfolgt. Wenn Messungen angezweifelt werden müssen – unabhängig davon, ob ein Ergebnis positiv oder negativ beeinflusst wurde –, kann keine verlässliche Diagnostik erfolgen. Das Institut für Angewandte Psychologie Zürich IAP spricht sich klar gegen eine unbeaufsichtigte Durchführung von Leistungstests aus oder plädiert für eine Follow-up-Überprüfung. Eine fehlende Kontrolle der Bedingungen ist fahrlässig, so Simon Hardegger.

Zahlreiche Diskussionen rund um neue Technologien und Big Data lassen den Eindruck entstehen, dass an dieser Stelle die Hauptaufmerksamkeit liegen sollte. Für Menschen, die eignungsdiagnostische Aussagen treffen wollen, liegt die Priorität vor der Methoden- oder Verfahrenswahl jedoch immer zuerst auf einer sorgfältigen Anforderungsanalyse[12] der Zielposition. Dabei werden jene Eignungsmerkmale für die zu besetzende Stelle bestimmt, welche für den Erfolg und die Zufriedenheit in der entsprechenden Position als relevant gelten. Die vermehrte Nutzung von Daten in der Eignungsdiagnostik kann sich natürlich auch auf die Erstellung der Anforderungsanalyse positiv auswirken. Werden beispielsweise Gesundheitsdaten einer bestimmten Berufsgruppe miteinbezogen, kann dies die Qualität der anforderungsanalytischen Profile maßgeblich erhöhen, so Martin Kersting.

Laut DIN (2016) beruht die Eignungsdiagnostik auf drei Säulen: Prozess, Verfahren und Person. Die Qualität eignungsdiagnostischer Prozesse – das bestätigen alle interviewten Experten – steht und fällt mit den Menschen, die diese verantworten. Die neue DIN (2016) nähert sich diesem Thema, formuliert Rollen und die entsprechenden Anforderungen der jeweiligen Rolle. Es besteht zudem die Möglichkeit einer Zertifizierungsprüfung gemäß DIN 33430.

Simon Hardegger spricht hinsichtlich der Qualitätsdebatten einen Trugschluss an: Häufig wird die Größe eines Unternehmens mit Qualität in Verbindung gebracht. Große Unternehmen offerieren nicht zwingend bessere Angebote, meist – so die Erfahrung von Simon Hardegger – herrscht dort ein hoher Effizienz- und Kostendruck, der Innovationen und die Qualitätsentwicklung eher behindert als fördert.

---

[12]Methoden zur Anforderungsanalyse finden sich bei Obermann (2018, Abschn. 2.4.4). Auch Höft und Kersting (2018) beschäftigen sich dezidiert mit der Anforderungsanalyse als Grundlage der beruflichen Eignungsdiagnostik in Abschn. 4.1.

1.7   Die Rolle des Menschen in der modernen Personalauswahl

Ein Punkt, bei dem eine Übereinstimmung bei allen interviewten Experten herrscht, ist die Frage, ob der Mensch im Zuge der Digitalisierung als „Auslaufmodell" in der Eignungsdiagnostik gesehen wird. Eine rein datengetriebene Eignungsdiagnostik ohne menschlichen Kontakt sieht keiner der befragten Experten, vor allem – so Martin Kersting – weil in Zeiten von Personalmangel und einem zunehmend bewerberorientierten Markt die Akzeptanz der Verfahren wichtiger ist als je zuvor. Es gilt eine Balance zu finden zwischen Big Data, einer aussagekräftigen Eignungsprüfung und einer bewerberfreundlichen sowie wertschätzenden Gestaltung des Prozesses.

Christof Obermann weist auf die Option hin, Diagnostik mit klassischen Elementen zu betreiben, jedoch die Datenerfassung komplett zu digitalisieren. In seiner Beratungsfirma habe er seit zwei Jahren das Assessment-Center komplett auf eine papierlose Durchführung umgestellt. Durch eine entsprechend programmierte Assessment-Applikation geben die Beobachter ihre Werte und Beobachtungen in ein Tablet ein. Der Zeitplan wird automatisch generiert und angepasst, die Daten automatisch zusammengeführt. Im Ergebnis agiert der menschliche Beobachter – so Christof Obermann – wie bisher, der komplette Prozess im Backoffice wird jedoch schlanker und effizienter.

Am Ende des Tages ist es der Mensch, der eine Eignungsentscheidung fällt. Neben diesem Grundsatz kann ein reines Onlineverfahren die Wertschätzung sowie den Support, den ein Bewerber erfahren sollte, nicht ersetzen. Der persönliche Kontakt sollte und wird auch weiterhin stattfinden. Es geht bei der Onlineverlagerung von Personalauswahlprozessen weniger um ein „Verdrängen des Menschen", sondern vielmehr um eine Unterstützung der bisherigen Diagnostik, so Martin Kersting. Die Verwendung von elektronischen Eingabegräten (Tablets) im Assessment-Center ermöglicht beispielsweise, zu eruieren, inwiefern die Assessoren qualitativ gute Arbeit leisten. Diese potenzielle Schwachstelle im Assessment kann, so Martin Kersting, dadurch angegangen werden. Des Weiteren ist es möglich, das Verhalten von Assessoren über technische Vorgaben zu lenken, um sicherzustellen, dass lediglich bewertungsrelevantes Verhalten beziehungsweise Informationen mit klarem Anforderungsbezug protokolliert werden. Weitere Vorteile ergeben sich hinsichtlich der Aufgabenstellungen. Zumal Besprechungen verteilter Teams in der Realität online stattfinden, stellt die Nutzung virtueller Gruppendiskussionen oder virtueller Gesprächssituationen sicher, dass die Simulation realitätsnah abgebildet wird. Es besteht die Möglichkeit,

Rollenspielpartner durch virtuelle Personen zu ersetzen beziehungsweise Avatare zu nutzen. Ebenso kann „Führung auf Distanz" lediglich online realistisch abgebildet werden.

In Auswahlprozessen auf höheren Managementebenen wird der persönliche Kontakt erwartet, so Martin Kleinmann. Die Annahme, dass Managern oder CEOs keine IQ-Tests oder auch keine anderen online durchgeführten Testverfahren vorgesetzt werden können, ist weit verbreitet. Dementsprechend setzt man wahrscheinlich früher im Bewerbungsprozess auf menschlichen Kontakt als bei der Rekrutierung von tieferen Managementebenen oder auch bei der Rekrutierung von Mitarbeitern. Martin Kleinmann plädiert, wie auch die anderen Experten, für menschlichen Kontakt in Selektionsprozessen. Die Firma muss an einem gewissen Punkt des Bewerbungsprozesses das Signal senden, dass Zeit und Kosten in die Person bzw. in eine Abklärung der Passung investiert werden. Ansonsten leidet die Wertschätzung, mit der potenziellen Bewerbern begegnet wird.

Die Diagnostik von zwischenmenschlicher Interaktion oder Empathie stellt im Zuge der zunehmenden Automatisierung eine Herausforderung dar – darüber sind sich die Experten einig. Gibt das Medium beispielsweise Sprechzeiten vor, kann weniger gut beobachtet werden, wie Menschen auf längere, eventuell unangenehm empfundene Sprechpausen reagieren oder ob sie andere Menschen aussprechen lassen, so Martin Kleinmann. Des Weiteren sind gewisse soziale Verhaltensweisen oder Regeln, die sich in einer Kultur etabliert haben, online schwierig zu erfassen (z. B. körperliche Nähe und Distanz beim Interagieren, Kontaktaufnahme zu anderen Personen). Martin Kleinmann bezweifelt, dass eine Verlagerung hin zu einer noch mehr datengetriebenen Personalauswahl die Qualität der Eignungsdiagnostik verbessert. Die Vorteile einer gesteigerten Interpretationsobjektivität und einer reduzierten Fehleranfälligkeit sind seiner Ansicht nach nicht von der Hand zu weisen, jedoch lebt die Eignungsdiagnostik auch von menschlicher Informationsverarbeitung. Das „zwischenmenschliche Gespür" geht, so Martin Kleinmann, neben der Wertschätzung verloren, wenn das Thema rein technisch betrachtet wird. Andere Experten weisen darauf hin, dass das Eliminieren des „zwischenmenschlichen Gespürs" eine Chance für die Objektivität darstellt.

Ähnliche Problematiken entstehen, wenn über den Einsatz von Robotern in der Personalauswahl gesprochen wird. Obwohl Roboter mit menschenähnlichen Gesten bereits existieren, kommt deren Leistungsfähigkeit laut Simon Hardegger nicht an die menschliche Leistungsfähigkeit in Gesprächen heran. Er spricht damit zum Beispiel die Fähigkeit an, Stimmungen zu erfassen, was trotz Mimikscannern bisher dem Menschen vorenthalten bleibt. Sollte die Entwicklung einmal so weit fortgeschritten sein, dass Roboter auch Pheromone detektieren können, dann ist es an der Zeit, die Diskussion wieder aufzunehmen, so Simon Hardegger.

In den unterschiedlichen Herangehensweisen an dieses vieldiskutierte Thema wird ersichtlich, dass Forschung notwendig ist, inwiefern Messwerte von Onlineverfahren (z. B. Remoteinterviews) und Face-to-face-Verfahren (z. B. physisch durchgeführtes Interview) vergleichbar sind. Was in derartigen Diskussionen meist wenig Aufmerksamkeit erfährt, ist der Mensch, der assessiert wird. Innerhalb von Remoteinterviews sind korrigierende Aussagen, Ermunterungen oder eine Einflussnahme auf die Situation nicht möglich, was Auswirkungen auf die Akzeptanz der Verfahren haben könnte. Christof Obermann geht davon aus, dass Menschen die subjektiv erlebte Kontrolle schätzen. Das Gefühl, das Ergebnis mit dem eigenen Verhalten beeinflussen zu können, scheint vor allem im persönlichen Kontakt besonders ausgeprägt zu sein. Diese Einschätzung wird von Untersuchungen zur Akzeptanz von eignungsdiagnostischen Methoden untermauert. Diese zeigen, dass traditionelle, face-to-face durchgeführte Interviews die meiste Akzeptanz erfahren (Kanning 2011). Die Beeinflussbarkeit der Ergebnisse zu eigenen Gunsten scheint hier ausgeprägt zu sein. Mit einer zunehmenden Verbreitung von Onlineverfahren wird – so die Einschätzung von Christof Obermann – auch die Akzeptanz von Onlineverfahren steigen. Noch bis Ende der 1990er Jahre waren Management-Assessments auf Top-Management-Ebene verpönt, was mittlerweile kaum noch nachvollziehbar ist.

1.8 Assessment-Center als Auslaufmodell?

Ein klassisches Assessment-Center benötigt aufgrund hoher Komplexität zahlreiche Ressourcen. Diese werden schon vor der Durchführung in Anspruch genommen: Ein Anforderungsprofil muss erstellt, Übungen und Testverfahren auf Basis des Anforderungsprofils ausgewählt und matrixartig zusammengestellt werden. Übungen werden gegebenenfalls neu erstellt oder angepasst, eine meist komplexe Assessmentkonstruktion ausgearbeitet. Der administrative Aufwand ist sowohl vor, während als auch nach dem Assessment in den meisten Fällen enorm. Wird ein Assessment-Center sinnvoll angewendet, übersteigt der Nutzen die Kosten (Kleinmann 2013). Assessment-Center waren hinsichtlich eingesetzter zeitlicher, finanzieller und personeller Ressourcen auch in der Vergangenheit schon begründungsbedürftig, so Martin Kersting. Die Frage, ob sie sich lohnen, kommt immer wieder auf. In diesem Zusammenhang bringt Martin Kersting die Frage auf, was „lohnen" bedeutet. Meist werden Kosten und Nutzen in den Mittel-punkt derartiger Überlegungen gestellt[13]. Die Verfahrensauswahl kann jedoch unter verschiedenen Gesichtspunkten erfolgen. Einerseits stehen selbstverständ-lich die Hauptgütekriterien Objektivität, Reliabilität[14] und Validität im Zentrum des Interesses, andererseits dürfen aber Aspekte wie die Akzeptanz der Verfahren, die Praktikabilität, der Nutzen oder auch die Effizienz nicht vergessen werden. Erst durch das Einbeziehen aller Kriterien, wie Palmer und Kersting (2017) vor-schlagen, können eignungsdiagnostische Verfahren umfassend bewertet werden. Ein Assessment-Center kann zum Beispiel die Werte einer Organisation trans-portieren, Informationen über die Zielposition vermitteln und auch enorm moti-vierend wirken – sowohl für die Teilnehmer als auch für die Assessoren. Martin Kleinmann führt in seinem Buch (Kleinmann 2013) weitere nützliche Aspekte von Assessment-Center-Verfahren für Linien- und Personalmanagement, aber auch für Teilnehmer auf.

Christof Obermann geht davon aus, dass Präsenzteile vermehrt gekürzt wer-den. Beispielsweise wird einem klassischen Assessment-Center ein Onlineteil (remote, asynchron) vorgelagert. Im Assessment-Center erfolgen dann Aufgaben mit Simulationscharakter, welche Beobachter erfordern (z. B. Rollenspiele). Im Team von Christof Obermann ist die Bedeutung digitaler Elemente so stark gestiegen, dass in Zusammenarbeit mit Informatikern ein Start-up gegründet wurde. In verschiedenen Online-Assessment-Formaten werden Case Studies oder Postkörbe digital umgesetzt.

Auf ein klassisches Missverständnis im Zusammenhang mit Assess-ment-Center weist Christof Obermann hin, nämlich die fälschliche Gleichsetzung mit Verhaltenssimulationen (Rollenspiele, Gruppendiskussion etc.). Das Assess-ment-Center hat jedoch die Kernidee der Methodenvielfalt und ist per Definition eine Kombination aus drei Methodenkategorien: Psychologische Fragebögen und Tests, Interviews und Verhaltenssimulationen. Das historische, erste Assess-ment-Center bei AT&T von 1953 beinhaltete innerhalb 20 Methodenelementen lediglich vier Verhaltenssimulationen. Insofern entspricht die Erweiterung um neue, webbasierte Elemente laut Christof Obermann genau dem Grundgedanken: zuver-lässigeres Urteil durch die Absicherung möglichst unterschiedlicher Methoden.

---

[13]Sowohl Kleinmann (2013) als auch Obermann (2018) geben Hinweise auf die Berechnung des monetären Nutzens von Selektionsinstrumenten, welche auf Cronbach und Gleser (1965) zurückgeht.

[14]Zuverlässigkeit der Messung.

Insgesamt waren sich die meisten Experten einig, dass klassische Assessment-Center-Formen nach wie vor bestehen bleiben werden. Der Arbeitskreis Assessment Center führt in regelmäßigen Abständen Studien im deutschsprachigen Raum durch. Ziel der Studien ist es, den Verbreitungsgrad und die Variationsbreite des Assessment-Center-Verfahrens zu eruieren, Vergleiche zu den vorherigen Studien zu tätigen und die Umsetzung der definierten Qualitätskriterien zu eruieren. Laut der aktuellen Studie aus dem Jahr 2016 wenden nahezu alle Großunternehmen die Assessmentmethodik an. Die Häufigkeit des Einsatzes hat seit Beginn des Jahrhunderts stark zugenommen (Arbeitskreis Assessment Center e. V. 2016, zit. nach Obermann 2018, S. 24)[15]. Assessment-Center liefern, sofern sie fachgerecht geplant und durchgeführt werden, solide Aussagen zum künftigen Verhalten der assessierten Person (Hardegger und Boss 2018a). Es wird – so Simon Hardegger – immer Interesse geben, das Verhalten von Menschen direkt zu beobachten. Er spricht damit Arbeitssimulationen an, ein typisches Element im klassischen Assessment-Center. Arbeitssimulationen haben, so Martin Kleinmann, den Vorteil, dass sogar weniger professionelle Anbieter einen guten Eindruck über die zu testenden Personen erhalten. Im Unterschied dazu werden bei der Interpretation von Testverfahren Differenzierungsleistungen gefordert, die weniger einfach umzusetzen sind.

1.9 Fazit

Die Chancen, welche die Digitalisierung mit sich bringt, können sich bei seriöser Anwendung positiv auf die Belastbarkeit der abgeleiteten Aussagen auswirken. Neue Datenquellen dienen als Grundlage für tragfähige(re) Entscheidungen, die Fehleranfälligkeit wird reduziert, die Objektivität gesteigert und die Effizienz erhöht. Die Qualität der Daten spielt dabei eine entscheidende Rolle. Ebenso eine ethisch sowie rechtlich korrekte Durchführung von eignungsdiagnostischen Prozessen. Eine Zusammenarbeit mit Data Scientists und Juristen wird für den professionellen Umgang mit großen Datenmengen als sinnvoll erachtet.

Die Begeisterung, die durch den Einsatz neuer Technologien und Big Data entsteht, darf nicht dazu führen, dass eignungsdiagnostisch agierende Personen die Erfolgsfaktoren aus dem Auge verlieren. Bei der wachsenden Anzahl

---

[15]Der auf dem 9. Deutschen Assessment-Center-Kongress 2016 in Hannover gehaltene Vortrag kann bei Obermann et al. (2016) eingesehen werden.

von Onlineangeboten ist eine kritische Auseinandersetzung notwendig. Im Moment wird eine Schieflage beobachtet: Die Form siegt über den Inhalt. Eine ansprechende Aufbereitung und Hinweise auf die Validität der Verfahren sind nicht automatisch ein Garant für eignungsdiagnostische Qualität. Zudem gilt es, die Qualitätsstandards vom Arbeitskreis Assessment Center (Deutschland) oder Swiss Assessment (Schweiz) einzuhalten. Eine Anforderungsanalyse der zu besetzenden Tätigkeit als Basis für die Wahl der Methoden und Verfahren oder das Prinzip der Multimethodalität dürfen auf keinen Fall vernachlässigt werden.

Menschliche Begegnungen und von Wertschätzung geprägte Selektionsprozesse gelten nach wie vor als elementar in der Personalauswahl. Eine vollkommene Onlineverlagerung der Eignungsdiagnostik wird nicht erwartet und klassische Assessment-Center werden – vor allem in höheren Managementfunktionen – auch weiterhin eingesetzt werden. Die Diagnostik zwischenmenschlichen Interaktionsverhaltens sowie von Empathie kann mit Onlineverfahren aktuell noch nicht abgedeckt werden.

Demografische Einflüsse auf die Personalauswahl

2

2.1 Personalmangel

In Zeiten des Personalmangels werden hohe Anforderungen an die Personalauswahl gestellt. Ein Grund hierfür liegt in der Bewerberzahl, wie Martin Kersting ausführt. Bewerben sich zahlreiche Personen auf eine Stelle, kann davon ausgegangen werden, dass sich darunter genügend Personen befinden, die den Anforderungen der zu besetzenden Stelle entsprechen. Die Aufgabe, welche die Eignungsdiagnostik heute zu meistern hat, ist, unter wenigen Kandidaten Potenziale und Kompetenzen verlässlich erkennen zu können. Demnach ist die Qualität von Auswahlverfahren wichtiger denn je.

Neben der Qualität muss auch der Marketingaspekt bedacht werden. Die Personalauswahl ist eine Art Visitenkarte des Unternehmens, wie Martin Kleinmann anmerkt. Nur wer es schafft, sich als Unternehmen interessant darzustellen, zu Bewerbungen zu animieren und Auswahlverfahren so zu gestalten, dass diese hohe Akzeptanz erfahren, wird im „war for talents" als attraktiver Arbeitgeber wahrgenommen[1]. Im Kampf um die besten Bewerber ist der Begriff Recruitainment entstanden. Der Begriff setzt sich aus den beiden Wörtern Recruiting und Entertainment zusammen. Zwischen einem kühlen Umgang mit Bewerbern und der hochglanzpolierten Darstellung des eigenen Unternehmens liegen zahlreiche Möglichkeiten, das Recruiting auszugestalten. Eine Idee ist das Anbieten von Self-Assessments auf der Website der jeweiligen Firma. Potenzielle

---

[1]Hausknecht et al. (2004) konnten in einer Metastudie zeigen, dass sich ein angenehm empfundener Auswahlprozess sowohl bei ausgewählten als auch bei abgelehnten Bewerbern auf die Bereitschaft auswirkt, die Organisation weiterzuempfehlen.

© Springer Fachmedien Wiesbaden GmbH, ein Teil von Springer Nature 2019　　　17
K. Fellner, *Moderne Personalauswahl*, essentials,
https://doi.org/10.1007/978-3-658-25897-9_2

Bewerber haben die Möglichkeit, das Self-Assessment freiwillig sowie anonym durchzuführen, sollten sie eruieren wollen, ob das Unternehmen gegebenenfalls interessant für sie wäre. Sie nehmen einen Abgleich ihrer Vorstellungen oder Werte mit jenen des Unternehmens vor. Das Unternehmen hat zugleich die Chance, sich als attraktiven Arbeitgeber zu präsentieren (z. B. mit integrierten Videos). Zusammengefasst prüfen Self-Assessments die Passung zwischen potenziellem Bewerber und Unternehmen und bedienen zudem den Marketingaspekt. Eine authentische Gestaltung sieht Martin Kleinmann als elementar an. Präsentiert sich das Unternehmen auf eine Art und Weise, die nicht der Realität entspricht, so kann dies unangenehme Folgen mit sich bringen. Es entstehen falsche Vorstellungen und eine langfristige Zusammenarbeit wird gefährdet.

Die Annahme könnte getroffen werden, dass Recruitainment eine Gefahr für die eignungsdiagnostische Qualität darstellt. Die Experten sehen im Streben nach Unterhaltsamkeit nicht zwingend ein Problem. Eignungsdiagnostik kann qualitativ auch dann miserabel sein, wenn die verwendeten Verfahren unspektakulär durchgeführt werden, wie Martin Kleinmann erwähnt. Martin Kersting spricht in diesem Zusammenhang jedoch ein No-Go an: Zufallselemente, welche in (Computer-)Spielen für Abwechslung und Spaß sorgen, haben in diagnostischen Prozessen nichts zu suchen. Nicht Zufälle dürfen die Ergebnisse bestimmen, sondern die Fähigkeiten und Eigenschaften der Personen.

Die Kunst, so Martin Kersting, liegt in der Balance zwischen der Bewerberbindung, einem guten, authentischen Marketing und einer qualitativ hochstehenden Diagnostik. Soziale Validität beziehungsweise die Akzeptanz eines Verfahrens ist als ein „Add-on" zu verstehen, niemals als Ersatz für Qualität. Zudem können Personalverantwortliche und Eignungsdiagnostiker nicht alle beeinflussenden Faktoren kontrollieren. Persönliche und situative Momente haben einen großen Einfluss darauf, wie die Verfahren wahrgenommen werden. Zum Beispiel beeinflusst der Umstand, wie wichtig dem Bewerber die Zielposition ist oder wie hoch er die Augenscheinvalidität[2] des Verfahrens einschätzt, so Martin Kersting.

---

[2]Eine hohe Augenscheinvalidität hat ein Verfahren für den Teilnehmer dann, wenn er das Verfahren als geeignet empfindet, um die diagnostische Fragestellung zu beantworten. Augenscheinvalidität beruht auf persönlichem Empfinden.

2.2 Potenzialerkennung bei Minderheiten

Vielleicht ist der Teich nicht leergefischt, sondern wir fischen im falschen Teich? Martin Kersting gibt mit dieser Metapher den Hinweis, dass es viele Menschen gibt, die im Arbeitsmarkt schwer Fuß fassen können, beispielsweise Menschen mit Migrationshintergrund oder Personen, deren Lebensläufe nicht lückenlos sind. Organisationen bevorzugen hochqualifizierte, junge Menschen und verengen dadurch ihren Blick. Ein ähnliches Problem, durch das ebenfalls riesige Potenziale verloren gehen, ist die nach wie vor geringe Anzahl von Frauen in Führungspositionen[3]. Es ist laut Martin Kersting die Aufgabe der Eignungsdiagnostik, diese Potenziale zu erkennen und Fehler der zweiten Art, also das Übersehen von Potenzialen, zu verhindern.

Die neue DIN-Norm (2016) trägt den Veränderungen auf dem Arbeitsmarkt wie dem Personalmangel oder der Globalisierung Rechnung. Ebenso finden sich wichtige Hinweise dazu, was bei der Eignungsdiagnostik mit Kandidaten, die besonderer Hilfe bedürfen, beachtet werden muss. Dies ist bei der Potenzialerkennung von Menschen mit Behinderungen oder Menschen mit Fluchthintergrund äußerst hilfreich, so Martin Kersting.

2.3 Schnelllebigkeit

Ein Assessmentanbieter muss in der heutigen Zeit schnell auf Kundenanfragen reagieren und eine zeitnahe Rückmeldung gewährleisten, wie Martin Kleinmann zu bedenken gibt. Dies verführt gegebenenfalls dazu, Standardprodukte „von der Stange" zu verkaufen. Eine Auseinandersetzung mit Qualitätsfragen ist in Personalabteilungen sinnvoll, um nicht auf minderwertige Produkte zurückzugreifen. Werden die Qualitätsstandards eingehalten? Validierte Verfahren verwendet? In der Schweiz ist die Zertifizierung durch Swiss Assessment der Garant dafür, dass die Qualitätsstandards (Swiss Assessment 2018) eingehalten werden. Die zertifizierten Unternehmen durchlaufen ein Audit, weisen die soziale Validität

---

[3]Laut dem Statistischen Bundesamt (2018) waren im Jahr 2017 in Deutschland rund 29 % der Führungspositionen von Frauen besetzt. Der EU-Schnitt lag mit 34 % etwas höher. Informationen zur Frauenquote in der Schweiz gibt der Gender Intelligence Report (Advance & HSG 2018). Dem Bericht zufolge lag der Frauenanteil im Management in der Schweiz 2017 bei 30%.

nach[4] und sorgen mit einer Studie, die spätestens bei der Rezertifizierung nach drei Jahren fällig wird, für einen Nachweis der prognostischen Validität[5].

Simon Hardegger und Martin Kleinmann berichten von effizient gestalteten Assessmentangeboten, die dem heutigen Zeitgeist entsprechen und klassischen Assessment-Centern qualitativ um nichts nachstehen. Der Trend geht, so auch Christof Obermann, in Richtung kompakter Verfahren.

Martin Kleinmann erzählt von sogenannten Speed-Assessments, bei denen die Zeitdauer einer Übung enorm runtergebrochen wird. An der 9. Tagung der Fachgruppe Arbeits-, Organisations- und Wirtschaftspsychologie in Mainz stellten Pia Ingold und Mirjam Dönni (2015) eine Studie zu kürzeren Assessment-Center-Sequenzen im Umfang von zwei bis drei Minuten vor. Der erste Eindruck, so die Ergebnisse (Ingold et al. 2018), welche Assessoren innerhalb dieser kurzen Sequenzen gewinnen, hängt positiv mit Assessment-Center-Dimensionsbeurteilungen der Teilnehmer zusammen. Die Korrelationen der traditionellen Assessmentübungen mit den kurzen Sequenzen waren beachtlich, so Martin Kleinmann.

Die Idee des Smart Assessment-Center (Hardegger und Boss 2018a) ist es, ein Assessment-Center in nur einer Stunde durchzuführen. Eine testgestützte Vorselektion erfolgt im Vorfeld des Präsenzteiles, der – klassisch – aus Interviewformen, Gesprächsübungen sowie weiteren simulationsorientierten Verfahren besteht. Die Konzipierung des Smart Assessment-Center erfolgt unabhängig vom Stellenprofil, wobei jede Funktion einer spezifischen Assessment-Variante bedarf. Smart Assessment-Center werden für große Stellenkontingente konzipiert, bei denen dasselbe Assessment immer wieder verwendet werden kann.

Der vermeintliche Trend von kurz- und mittelfristigen Anstellungshorizonten[6] wird von den Experten nicht als zukunftsträchtig empfunden. Obwohl projektbezogenes Arbeiten der Realität entspricht, werden Unternehmen weiterhin versuchen, Mitarbeiter längerfristig oder zumindest mittelfristig zu binden und ihnen

---

[4]Soziale Validität meint das Erleben und Bewerten diagnostischer Verfahren aus der Sicht der Verfahrensteilnehmer. Die soziale Akzeptanz kann mit den Akzept! Fragebögen von Kersting (verfügbar für Assessment-Center, Interviews, Leistungs- und Persönlichkeitstests) geprüft werden. Die Fragebögen können kostenlos angefordert werden.

[5]Mit dem Nachweis der prognostischen Validität wird ein Vergleich der Leistungsprognosen, die in einem Assessment-Center gemacht werden, mit dem tatsächlichen Joberfolg hergestellt.

[6]In diesem Zusammenhang wird von der Annahme ausgegangen, dass sich agil arbeitende Firmen vermehrt die Frage stellen, welche Person für die aktuelle Situation die passende ist, weniger, wer langfristig ins Unternehmen passt.

Perspektiven anzubieten. Eine „Job-Hopping-Mentalität" seitens der Bewerber oder eine „Söldnermentalität" seitens der Unternehmen (hire and fire) schließen die Experten aus.

2.4 Alte Kompetenzen, neue Kompetenzen?

Simon Hardegger erzählt von einem neuen Modewort, der VUCA-Bewältigungskompetenz. Ständig ist eine Auseinandersetzung mit neuen, hippen Begriffen notwendig – dieses Gefühl kommt schnell auf. Es stellt sich die Frage, ob eine Reaktion seitens der Eignungsdiagnostik notwendig ist. Muss – etwas plakativ ausgedrückt – zukünftig eine VUCA-Bewältigungskompetenz geprüft werden? Martin Kersting erwähnt, dass Personen in höheren Managementpositionen sehr wohl in der VUCA-Welt[7] agieren müssen. In Top-Positionen existiert ein hoher Gestaltungsfreiraum, weshalb die Persönlichkeit eine größere Rolle spielt als bei Jobs mit straffen Vorgaben. Deshalb, so Kersting, muss in der Eignungsdiagnostik auf Managementebene stärker auf die Persönlichkeit geachtet werden, insbesondere auf solche Merkmale, die es Managern ermöglichen, Unsicherheit souverän zu meistern und Veränderungen proaktiv zu gestalten.

Christof Obermann gibt zu bedenken, dass es Consulting und Hochschulen „angeboren" ist, immer wieder neue Kompetenzen auszurufen. Er vertritt die klare Haltung, dass es nicht Aufgabe der Eignungsdiagnostik ist, kurzfristige Verhaltenserwartungen zu bedienen, sondern überdauernde Verhaltensvorhersagen zu treffen. Alle Experten plädieren für eine definitorische und theoretische Herangehensweise an diagnostische Fragestellungen sowie ein genaues Nachfragen. Es gilt, in jedem Einzelfall dezidiert zu erfassen, welche messbaren Konstrukte sich hinter vermeintlichen Modewörtern verstecken. Nicht selten passiert es, so Simon Hardegger, dass Auftraggeber von Agilität sprechen und eigentlich Flexibilität meinen. Flexibilität sieht Martin Kersting unabhängig von Modewörtern als einen wesentlichen Punkt innerhalb der Veränderungen. Mitarbeiter werden vermehrt flexibel eingesetzt. In agilen Organisationen erscheint es wenig sinnvoll, bei Mitarbeitern auf spezifische Wissensbestände zu setzen. Deshalb, so Martin Kersting, werden generalistische beziehungsweise breitere Fähigkeiten im Vergleich zu fachspezifischem Know-how an Gewicht gewinnen.

---

[7]Die vier Buchstaben vom Wort VUCA sind wie folgt zu interpretieren: volatility (Unbeständigkeit), uncertainty (Unsicherheit), complexity (Komplexität) und ambiguity (Mehrdeutigkeit).

Das Institut für Angewandte Psychologie Zürich hat kürzlich das Zürcher Führungskompetenzmodell publiziert (Hardegger und Boss 2018b). Das Modell überwindet ein Denken in den Kategorien „gut vs. schlecht" und eignet sich somit laut der Autoren, um den Fokus auf die Entwicklungsaspekte zu legen. Das Modell beschränkt sich auf 15 Kompetenzen, die fünf Dimensionen zugeordnet werden[8]. Die in der Studie eruierten Kompetenzen sind keine „bahnbrechend neuen" Kompetenzen, sondern altbewährte, die bereits in Forschungsgrundlagen des alten Jahrhunderts genannt wurden, so Simon Hardegger. Dieser Hinweis lässt darauf schließen, dass sich benötigte Führungskompetenzen über längere Zeiträume hinweg nicht maßgeblich verändern. Die Studienergebnisse vom Arbeitskreis Assessment Center e. V. (2016) zeigen ein ähnliches Bild. Die am häufigsten erhobenen Kriterien in Assessment-Centern sind Kommunikation, Durchsetzungsfähigkeit und Analysefähigkeit. Diese Kriterien blieben über die Zeitspanne der Befragungen, also seit 2001, konstant (zit. nach Obermann 2018, S. 24).

Christof Obermann äußert sich hinsichtlich anekdotenhafter Schilderungen zu neuen Führungsanforderungen ebenso kritisch und gibt stattdessen eine Merkformel an die Hand, wenn es darum geht, Führungserfolg evidenzbasiert vorhersagen zu wollen: $1 + 5 + 3$. Nummer 1 sind die kognitiven beziehungsweise analytischen Fähigkeiten. Diese haben den höchsten nachgewiesenen Zusammenhang mit Führungserfolg[9]. Die 5 steht für die Big-Five-Persönlichkeitskriterien Neurotizismus, Verträglichkeit, Offenheit für Erfahrung, Extraversion und Gewissenhaftigkeit. Auch diese Kriterien sind relevante Potenzialindikatoren, wobei sie sich hinter den kognitiven Kompetenzen einreihen. Die 3 steht für die drei persönlichkeitsnahen Basismotive nach McClelland (1961): das Leistungsmotiv, das Kontaktmotiv und das Einflussmotiv. Im Zusammenhang mit Führungspotenzial stehen, so Christof Obermann, ein hoch ausgeprägtes Leistungs- und Machtmotiv und ein wenig ausgeprägtes Kontaktmotiv.

---

[8]Dimension Werte: Loyalität, zwischenmenschliche Offenheit, Lernbereitschaft, Dimension Denken: Analysefähigkeit, strategisches Denken, Planungsfähigkeit, Dimension Handeln: Unternehmerisches Handeln, Entscheidungsfreude, Zielfokussierung, Resilienz, Dimension Interagieren: Durchsetzungsgeschick, Kooperationsfähigkeit, Kommunikationsfähigkeit, Dimension Führen: Führung transaktional, Führung transformational.

[9]Kognitive Fähigkeiten gelten als stärkster Prädiktor von Berufserfolg. Studien der letzten 30 Jahre ergeben ein einheitliches Bild (z. B. Meriac et al. 2008; zit. nach Obermann 2018).

2.5   Alte Verfahren, neue Verfahren?

Mit der Frage, ob Konstrukte oder Kompetenzen, die in der Vergangenheit getestet wurden, zukunftsträchtig sind, stellt sich auch die Frage, inwiefern sich der Einsatz unterschiedlicher Verfahren verändert. Um diese Frage zu klären, müssen vorerst unterschiedliche Verfahrenskategorien unterschieden werden. Die neue DIN (2016) schlägt basierend auf dem Cube-System von Kersting (2011) fünf Verfahrenskategorien vor:

a) Dokumentenanalyse wie zum Beispiel die Analyse von Lebensläufen, Arbeitszeugnissen oder der Ergebnisse von Internetrecherchen,
b) direkte mündliche Befragungen wie Interviews oder das Einholen von Referenzauskünften,
c) Verfahren zur Verhaltensbeobachtung und -beurteilung wie beispielsweise Rollenspiele, Gruppendiskussionen oder Präsentationen,
d) messtheoretisch fundierte Fragebögen wie Interessens- oder Persönlichkeitsfragebögen und
e) messtheoretisch fundierte Tests wie Intelligenztests oder Situational Judgement Tests[10]

Martin Kleinmann äußert die Annahme, dass Situational Judgement Tests sowie die Analyse von Daten aus Social-Media-Portalen zukünftig an Bedeutung gewinnen und sich sowohl unstrukturierte Interviews als auch die Grafologie[11] rückläufig entwickeln werden. Simon Hardegger sieht wie auch Martin Kleinmann Verfahren als zukunftsträchtig, welche sich durch die fortschreitende Technologie online immer besser abbilden lassen, zum Beispiel remote durchgeführte Fallstudien, Rollensimulationen oder Videointerviews. Er ist sich sicher, dass die Technologie vorgeben wird, welche Verfahren zukünftig an Bedeutung gewinnen und welche an Bedeutung verlieren werden. Ebenso bestätigt Christof Obermann, dass sich online durchgeführte Tests zur Messung kognitiver Kompetenzen oder auch Online-Persönlichkeitsfragebögen auf einem hohen Niveau stabilisiert haben. 2001 setzten 19 % der Unternehmen Testverfahren zur Prüfung kognitiver

---

[10]Bei Situational Judgement Tests werden kritische Ereignisse wie der Umgang mit Beschwerden oder mit schwierigen Gesprächen in schriftlicher Form oder via Video dargeboten. Die Personen, die dem Test unterzogen werden, entscheiden sich für eine der dargebotenen Handlungsalternativen.

[11]Schriftpsychologie.

beziehungsweise persönlichkeitsbezogener Kriterien in Assessment-Centern ein, 2016 waren es bereits 36 % (Arbeitskreis Assessment Center e. V. 2016, zit. nach Obermann 2018, S. 26). Der Trend einer persönlichkeitsorientierten Diagnostik und der Diagnostik kognitiver Kompetenzen wird anhalten. Zukünftig wird – so Martin Kersting – die Bedeutung breiter, generalistischer Kompetenzen wie Intelligenz sogar steigen. Tests zur Prüfung der kognitiven Kompetenzen, häufig auch Intelligenztests genannt, sind effizient in der Durchführung, was in der heutigen Zeit durchaus erwünscht ist. Zudem, und diesen Aspekt sprechen alle interviewten Experten an, sagen sie die berufliche Leistung verlässlich voraus. Tests zur kognitiven Kompetenz werden besser akzeptiert als vielfach angenommen (Kersting 2008). Es gibt mittlerweile einige anwenderfreundliche Verfahren, die abseits von abstrakten Aufgaben wie dem Vervollständigen von Zahlenreihen in einen Kontext eingebettet werden. So bezieht sich der SMART-Test (Kersting 2014) als berufsbezogener Test zur kognitiven Kompetenz auf ein konkretes Unternehmen. Christof Obermann berichtet ebenfalls von zwei Testverfahren (KTK-N und KTK-V), bei denen die kognitiven Aufgaben in ein betriebliches Setting eingebettet sind bzw. betriebliche Tabellen ausgewertet werden. Derartige Verfahren verlieren den Angstcharakter herkömmlicher Intelligenztests.

Die Diskussionen rund um den Einsatz von Gruppendiskussionen halten weiter an. 2001 setzten 95 % der befragten Konzerne eine Gruppendiskussion ein, im Jahr 2016 waren es lediglich 41 % (Arbeitskreis Assessment Center e. V. 2016, zit. nach Obermann 2018, S. 26). Die Gründe für diesen Rückgang sehen die Experten darin, dass die Performance stark von der Gruppenkonstellation abhängt und dies schwer kontrolliert werden kann. Andererseits bedingen manche diagnostische Fragestellungen soziale Vergleichsprozesse, wie Martin Kleinmann anmerkt. Wenn derartige Gesprächssituationen den Arbeitsalltag der entsprechenden Stelle abbilden, dann sollten Gruppendiskussionen auch weiterhin im Repertoire bleiben – ob face-to-face oder online.

Ob asynchrone Videointerviews nach dem Hype, der in den letzten Jahren darum gemacht wurde, in der Eignungsdiagnostik überleben, darüber sind sich die Experten nicht einig. Ein Vorteil liegt sicherlich in einer hohen Standardisierung, so Martin Kersting. Die Bewerber werden durch vorher festgelegte Fragen geführt und erledigen das Interview zeit- und ortsunabhängig. Interviewer und Kandidat sind nicht zur selben Zeit online. Da asynchrone Interviews in der Regel hoch standardisiert sind, ist eine Vergleichbarkeit zwischen den Bewerbern sichergestellt.

Unabhängig von einzelnen Verfahrenskategorien weisen die Experten im Kontext dieser Auseinandersetzung auf das Prinzip der Multimethodalität, der

Methodenvielfalt, hin. Basierend auf einer Anforderungsanalyse erfolgt die Wahl mehrerer Verfahren, die – so Martin Kersting – hoffentlich auch weiterhin in der bewährten Bandbreite bestehen. Er weist darauf hin, dass jedes Verfahren seine Stärken und Schwächen hat. Solange die Verfahren nicht unnötig aufwendig sind und eine (eigenständige) Validität aufweisen, kann eine Kombination von mehreren Verfahren Nachteile von einzelnen Verfahren kompensieren. Zudem offeriert Martin Kersting folgende Metapher: Einen Handwerker würde am Morgen niemand fragen, welches Werkzeug er heute mit zur Arbeit bringt. Er nimmt den kompletten Werkzeugkoffer, fährt zum Kunden, fragt nach dem Problem und wählt das Werkzeug dementsprechend aus. So sollte es auch in der Eignungsdiagnostik sein. Es gilt vorerst zu eruieren, welche Fragen geklärt werden müssen. Erst dann erfolgt der Griff in den Werkzeugkoffer.

2.6   Fazit

In Zeiten des Personalmangels ist eine verlässliche Eignungsdiagnostik wichtiger denn je. Große Bewerbermassen erleichtern die Auswahl, bewerben sich jedoch nur wenige Personen auf eine Stelle, gilt es, die Potenziale zu erkennen und auch bisher wenig genutzte Potenziale auszuschöpfen (z. B. Personen mit Migrationshintergrund, Frauen in Führungspositionen).

Der „war for talents" führt zur Integration von Marketingmaßnahmen in die Personalauswahl und fördert den Trend, Auswahlprozesse so angenehm wie möglich zu gestalten. Die Akzeptanz der Verfahren ist wichtiger denn je, vor allem, da die Personalauswahl eine Art Visitenkarte des Unternehmens darstellt und das Unternehmen als attraktiver Arbeitgeber wahrgenommen werden möchte. Das Ziel ist nach wie vor, Potenzialträger mittel- und langfristig zu binden.

Ein Trend zu kompakteren Assessment-Center-Formen könnte sich in den nächsten Jahren festigen, der Einsatz von Fragebögen zur Prüfung persönlichkeitsbezogener beziehungsweise kognitiver Kriterien hält außerdem weiter an. Modewörter hingegen kommen und gehen. Es wird auch nicht als Aufgabe der Eignungsdiagnostik betrachtet, auf kurzfristige Verhaltenserwartungen zu reagieren, sondern daraus messbare Konstrukte abzuleiten, welche verlässlich gemessen werden können.

Abschließend geben Simon Hardegger, Martin Kersting, Martin Kleinmann und Christof Obermann Antworten auf die Frage, was sie sich für die Zukunft der Eignungsdiagnostik wünschen:

Simon Carl Hardegger
„Ich wünsche mir eine bessere Zusammenarbeit von Praxis und Forschung. Erste Institutionen, welche sich dieser Problematik annehmen, bestehen bereits, leider nicht für den Bereich Eignungsdiagnostik. Sogenannte Clearing-Häuser leisten auf jeden Fall wertvolle Übersetzungsarbeit, indem sie gezielt aktuelle Forschungsergebnisse für die Praxis handhabbar aufbereiten. Denn oft fehlt in der Praxis schlichtweg die Zeit, um sich mit neuen Forschungsergebnissen und wissenschaftlichen Publikationen auseinanderzusetzen geschweige denn, diese in die Praxis zu übersetzen. Ich denke, dass derartige Institutionen einen wertvollen Beitrag zur Qualität der Eignungsdiagnostik leisten würden. Doch es bleibt noch viel zu tun."

Prof. Dr. Martin Kersting
„Antoine de Saint-Exupéry wird das folgende Zitat zugeschrieben: „Die Zukunft soll man nicht voraussehen wollen, sondern möglich machen." Ich wünsche mir, dass zahlreiche kluge, gebildete, innovative und verantwortungsvolle Menschen mit unterschiedlichen Erfahrungshintergründen im Sinne der Menschen, Organisationen und Gesellschaft gemeinsam an der Zukunft der Eignungsdiagnostik arbeiten."

© Springer Fachmedien Wiesbaden GmbH, ein Teil von Springer Nature 2019   27
K. Fellner, *Moderne Personalauswahl*, essentials,
https://doi.org/10.1007/978-3-658-25897-9_3

Prof. Dr. Martin Kleinmann

„Ich hoffe, dass das Wohl der Mitarbeitenden sowie der Organisationen unabhängig von den Marktbedingungen im Blick behalten werden."

Prof. Dr. Christof Obermann

„In der Eignungsdiagnostik haben wir seit Jahrzehnten Stillstand erlebt. Jetzt gibt es eine Zeitenwende mit ganz neuen Möglichkeiten, neue Methoden und Datenquellen für die Diagnostik zu erschließen, z. B. nicht nur Inhalten des Gesagten zu vertrauen, sondern Körpersprache als Ausdrucksform auszuwerten. Lassen Sie uns gemeinsam daran arbeiten, dass nicht die Form und bunte Bildchen den Unterschied machen, sondern Qualität relevant bleibt!"

Was Sie aus diesem *essential* mitnehmen können

- Einen Blick hinter die Kulissen: Welche Themen werden in der psychologischen Berufseignungsdiagnostik aktuell diskutiert?
- Eine Einordnung von Modewörtern, die in den Medien momentan häufig erwähnt werden.
- Hintergrundinformationen und Expertenmeinungen zum Einsatz künstlicher Intelligenz in der Eignungsdiagnostik, zu Stimmanalysen, Recruitainment u. v. m.
- Hinweise darauf, welche Trends sich in der Eignungsdiagnostik fortsetzen werden und welche von der Bildfläche verschwinden werden.
- Hinweise auf neuste Literatur.

© Springer Fachmedien Wiesbaden GmbH, ein Teil von Springer Nature 2019
K. Fellner, *Moderne Personalauswahl*, essentials,
https://doi.org/10.1007/978-3-658-25897-9

Literatur

Advance & HSG. (2018). Gender intelligence report 2018. https://advance-hsg-report.ch/.

Arbeitskreis Assessment Center e. V. (2016). Assessment-Center-Studie 2016. https://www.arbeitskreis-ac.de/index.php/projekte/studien/ac-studie-2016. Zugegriffen: 28. Nov. 2018.

Arendasy, M., Sommer, M., & Hergovich, A. (2007). Statistical judgment formation in personnel selection: A study in military aviation psychology. *Military Psychology, 19*(2), 119–136. https://doi.org/10.1080/08995600701323418.

Becker, V. (2016). *Sprechraten bezogene Korrelate der Intelligenz [Unveröffentlichte Bachelorarbeit]*. Köln: Rheinische Fachhochschule.

Beermann, D., & Kersting, M. (2018). Digital geeignet? *Personalmagazin, 2*(18), 10–14. http://kersting-internet.de/pdf/Beermann_Kersting_2018_Personalmagazin_People_Analytics.pdf.

Bissantz, N., & Hagedorn, J. (2009). Data mining (Datenmustererkennung). *Wirtschaftsinformatik, 51,* 139–144. https://doi.org/10.1007/s11576-008-0108-z.

Boersma, P., & Weenink, D. (2018). Praat: doing phonetics by computer [Computerprogramm]. http://www.praat.org/. Zugegriffen: 27. Nov. 2018.

Borkenau, P., & Ostendorf, F. (2008). NEO-FFI: NEO-Fünf-Faktoren-Inventar nach Costa und McCrae (2., neu normierte und vollständig überarbeitete Auflage). Göttingen: Hogrefe.

Cronbach, L. J., & Gleser, G. C. (1965). *Psychological tests and personnel decisions*. Oxford: U. Illinois Press.

Diagnostik- und Testkuratorium. (2018). *Personalauswahl kompetent gestalten. Grundlagen und Praxis der Eignungsdiagnostik nach DIN 33430*. Berlin: Springer.

DIN. (2016). *DIN 33430: Anforderungen an berufsbezogene Eignungsdiagnostik*. Berlin: Beuth.

DSGVO. (2016). Verordnung (EU) 2016/679 des Europäischen Parlaments und des Rates vom 27. April 2016 zum Schutz natürlicher Personen bei der Verarbeitung personenbezogener Daten, zum freien Datenverkehr und zur Aufhebung der Richtlinie 95/46/EG (Datenschutz-Grundverordnung).

Ekman, P. (2003). *Emotions revealed: Recognizing faces and feelings to improve communication and emotional life*. New York: Henry Holt and Company.

Galton, F. (1884). Measurement of character. *Fortnightly Review, 36,* 179–185.

© Springer Fachmedien Wiesbaden GmbH, ein Teil von Springer Nature 2019
K. Fellner, *Moderne Personalauswahl*, essentials,
https://doi.org/10.1007/978-3-658-25897-9

Greenwald, A. G., McGhee, D. E., & Schwartz, J. L. K. (1998). Measuring individual differences in implicit cognition: The implicit association test. *Journal of Personality and Social Psychology, 74,* 1464–1480.

Hardegger, S. C., & Boss, P. (2018a). In der Kürze liegt die Würze [Online-Fachartikel, HR today]. http://hrtoday.ch/de/article/assessment-centers-smart-ac. Zugegriffen: 27. Nov. 2018.

Hardegger, S. C., & Boss, P. (2018b). Neues Kompetenzmodell für die Führungsentwicklung [Online-Fachartikel, KMU-Magazin]. https://www.zhaw.ch/storage/psychologie/upload/beratung/zdvs/KMU_Fuehrungsentwicklung_9-18.pdf. Zugegriffen: 27. Nov. 2018.

Hausknecht, J. P., Day, D. V., & Thomas, S. C. (2004). Applicant reactions to selection procedures: An updated model and meta-analysis. *Personnel Psychology, 57,* 639–683. https://digitalcommons.ilr.cornell.edu/cgi/viewcontent.cgi?article=1126&context=articles.

Häusler, J., & Sommer, M. (2006). Neuronale Netze: Nichtlineare Methoden der statistischen Urteilsbildung in der psychologischen Eignungsdiagnostik. *Zeitschrift für Personalpsychologie, 5,* 4–15.

Höft, S. & Kersting, M. (2018). Die Anforderungsanalyse als Grundlage beruflicher Eignungsdiagnostik. In Diagnostik- und Testkuratorium (Hrsg.), *Personalauswahl kompetent gestalten* (S. 97–112). Berlin: Springer.

Ingold, P. V., & Dönni, M. (2015). *Ist weniger noch immer genug? Eine Studie zu kürzeren Assessment-Center-Sequenzen.* (Paper presented at the 9. Tagung der Fachgruppe Arbeits-, Organisations- und Wirtschaftspsychologie der Deutschen Gesellschaft für Psychologie, Mainz).

Ingold, P. V., Dönni, M., & Lievens, F. (2018). A dual-process theory perspective to better understand judgments in Assessment-Centers: The role of initial impressions for dimension ratings and validity. *Journal of Applied Psychology.* Advance online publication. https://www.psychologie.uzh.ch/dam/jcr:7a8224e3-bd1c-4cb4-9289-1baa438faeb9/Ingold%20_et%20_al._(in%20press).pdf.

International Test Commission. (2006). International guidelines on computerbased and internet-delivered testing. *International Journal of Testing, 6,* 143–171.

Kanning, U. P. (2011). Akzeptanz von Assessment Center-Übungen bei AC-Teilnehmern. *Wirtschaftspsychologie, 13*(2), 89–101.

Kersting, M. (2008). Zur Akzeptanz von Intelligenz- und Leistungstests. *Report Psychologie, 33,*420–433.

Kersting, M. (2011). Managementdiagnostik: Verfahren und Qualitätsaspekte. In C. Niedereichholz, J. Niedereichholz, & J. Staude (Hrsg.), *Handbuch der Unternehmensberatung. Organisationen führen und verwalten* (S. 1–18). Berlin: Schmidt.

Kersting, M. (2014). *SMART – berufsbezogener Test zur kognitiven Kompetenz.* Mödling: Schuhfried.

Kleinmann, M. (2013). *Assessment-Center* (2., überarbeitete u. erw. Aufl.). Göttingen: Hogrefe.

Kubinger, K. D. (2010). Das Verfahrensinventar psychologischen Diagnostizierens in der baldigen Zukunft. In K. D. Kubinger & T. M. Ortner (Hrsg.), *Psychologische Diagnostik in Fallbeispielen* (S. 30–42). Göttingen: Hogrefe.

McClelland, D. (1961). *The achieving society.* Princeton: Van Nostrand.

Meriac, J., Hoffman, B., Woehr, D., & Fleisher, M. (2008). Further evidence for the validity of assessment center dimensions: A meta-analysis of the incremental criterion-related validity of dimension ratings. Journal of Applied Psychology, *93*(5), 1042–1052.

Obermann, C. (2018). *Assessment Center. Entwicklung, Durchführung, Trends. Mit neuen originalen AC-Übungen* (6., vollständig überarbeitete u. erw. Aufl.). Wiesbaden: Springer Gabler.

Obermann, C., Höft, S., & Becker, N. (2016). Assessment Center-Praxis 2016: Ergebnisse der aktuellen AkAC-Anwenderbefragung. In Arbeitskreis Assessment Center e. V. (Hrsg.), *Dokumentation zum 9. Deutschen Assessment-Center-Kongress*. Lengerich: Papst Science Publishers.

Palmer, C., & Kersting, M. (2017). Berufliche Eignung und ihre Diagnostik. In D. E. Krause (Hrsg.), *Personalauswahl. Die wichtigsten diagnostischen Verfahren für das Human Resources Management* (S. 31–56). Wiesbaden: Springer Gabler.

Sommer, M., & Häusler, J. (2006). Kriteriumsvalidität des Expertensystems Verkehr. *Zeitschrift für Verkehrssicherheit, 52*, 83–89.

Statistisches Bundesamt. (2018). Deutschland unter dem EU-Durchschnitt. Frauen in Führungsetagen. https://www.destatis.de/Europa/DE/Thema/Bevoelkerung-Arbeit-Soziales/Arbeitsmarkt/Frauenanteil_Fuehrungsetagen.html. Zugegriffen: 30. Nov. 2018.

Swiss Assessment. (2018). Qualitätsstandards von Swiss Assessment zur Entwicklung, Durchführung und Auswertung von Assessment Center. https://www.swissassessment.ch/wp-content/uploads/ac_standards_swiss_assessment_3.pdf. Zugegriffen: 28. Nov. 2018.